Requiem pour une terre :

25 bougies pour Gouache

Thierry Mbepgue Tafam

Requiem pour une terre :

25 bougies pour Gouache

Poésie

Editions TIG

Tafam International Group Co LTD
BP 152 Bangangté
Telephone: 00237 693 553 904

Thierry MBEPGUE TAFAM

Macaire ETTY

Marie Florence FLA

Stéphanie PENDA

Tamkou MOIFO

Synzi DADIE

Stéphanie LEUWAT

Wilfried Omael TAMJO

Cyrille TAGNE WAFO

Octavo BLAZQUEZ

Serge F. TENTSING

Hervé AYEMENE

Calvidos WABO TAPCHE

Frantz J. NDOUMBE

Erick TALELE FOGUIENG

Rostov Franck DONGMO

Aline C. ZANGUE

Queen ENEMEYA

Préface

Le rôle que joue chaque ouvrage ou individu dans nos sociétés africaines est tributaire de l'impact qu'il a ou qu'il peut avoir, du genre particulier d'action qu'il exerce, pour faire grandir nos sociétés. Ce recueil des poèmes sur la tragédie de Gouache nous incite, à nous regarder en face, et à nous rappeler que les choix opérés par les personnes lors de la prise de décisions sont toujours stratégiques et dépendent moins de leur unique volonté que des aspirations profondes des peuples qui leurs sont assujettis ou de la peuplade sur laquelle autorité, ils ont. Les décisions font toujours l'objet d'une analyse consciencieuse, méthodique, orientée dans l'optique, non, de plaire mais de bien gouverner, mener et participer à l'édification de la société en posant des actes majeures pour une pérennisation efficiente et effective des acquis pour les générations futures. De toujours penser à l'impact de nos décisions sur le bien être ou pas des personnes que nous avons la haute responsabilité de diriger vers le bonheur.

En lisant ce recueil de poème sur ce drame survenu a Gouache à l'Ouest Cameroun, la problématique demeure certaine, à savoir la notion du pourquoi des choses, la recherche de la rationalité des actions engagées, des mesures prises, des positions tant mitigées, illogiques pour certains, non élucidés, mais dont l'urgence s'y prêtait, participait au devenir des hommes et contribuait à forger le caractère indicible, Indéniable à la fonction dont l'exercice guère n'en serait des moindres. Un apport de lumière pour tant d'incompréhension, de non-dits, de supputations, d'acharnement ,d'inconstance fonction d'une absence de communication, de clarté, de concision, de précision sur des évènements dont les effets aujourd'hui permettent de dire avec véhémence et sans ambages « Chaque chose à sa raison d'être, tout action posée est une valeur complétive d'une autre »,tout en tirant des leçons pour que ce type de drame ne se répète plus nulle pas ailleurs du fait des décisions qui auraient pu être prises et qui peuvent même encore être prises dans certaines localités de notre pays, le Cameroun, de notre continent, l'Afrique terre de vie et source fondamentale de celle-ci encore méconnue par la plupart de ses propres enfants.

La raison aussi pertinente soit elle, trouve son illustration en apportant des éclaircis sur ce qui effroyable paru en d'autres lieux pour le commun naguère constitue la bâtisse et le fondement de la vision que se fut dressé l'homme africain dont jonché d'embuches de lendemains vains et incertains, de contradicteurs aux vers insipides de vicissitudes acharnées mais dont les vocables stoïques, héroïques furent le credo .La hargne, l'esprit éclairé et le dur labeur n'auront eu de cesse à murir son approche, son idéologie face aux défis que lui imposait les nations dominantes et les enjeux géopolitiques, géostratégiques.

Cette peinture noire et affable guère ne saurait être l'identificatoire ou le point de jauge sur lequel repose le vécu, les lamentations mensongères d'une élite mais le fil d'Ariane condition inéluctable pour l'affranchissement et l'acquisition de la liberté des peuplades africaines, ce sur quoi gravitent les fondements certains du devenir et la prise en main des leviers de notre souveraineté.

Faiseur ,il est d'alternatives probes pour la promotion des valeurs africaines, de l'évolution, le développement et la croissance des économies de nos états à travers la conservation de notre patrimoine, de nos valeurs des échanges dans le respect des règles établies, une justice équitable et juste pour l'épanouissement en toute quiétude, planifié, mesuré et contrôlé pour tous. Les actions posées doivent contribuer à la construction de demain et la projection dans le futur. L'autorité de cet ouvrage, son culte de la raison qui seule discerne les extravagances des forces endogènes mal adaptées aux réalités factuelles confirme sa raison d'être, s'il n'avait pas été, il aurait fallu qu'il soit, tel est la maxime les lendemains plantureux de ce recueil qui nous rappel qui nous sommes, d'où nous venons et où nous allons : **recueils des poèmes sur la tragédie de Gouache**.

Dr.Dalvarice Ngoudjou
Geostratege/Economist

Gouache s'effondre

Au clair de la lune
Gouache s'effondre
Et avec ma petite plume
Je fouille dans les décombres

Des familles y sont ensevelies
Arrachées à l'affection de Morphée
Avalée par cette terre en furie
Des vies en fins, une épopée

De la pénombre de la terre
Sont tirés des corps sans vie
D'hommes, de femmes et d'enfants
Qui ne demandaient qu'à vivre

Gouache, quartier calme
S'est réveillé à force de rames
Vers une destination inconnue
Où vivent nos illustres disparus

Au clair de la lune
Nos cris de détresse
Font tressaillir des cœurs
Bafoussam est en pleure

Thierry MBEPGUE TAFAM
*Promoteur culturel et artistique, éditeur, écrivain essayiste, poète,
dramaturge et autobiographe*

Prends ma main

Prends ma main
Fils de N'Gouache

La terre a faim
Faim
De nos inconséquences
De notre incompétence
De notre impuissance

Prends ma main
Fille de Bafoussam

La terre a soif
Soif
De nos esquives
De nos dérives
De nos promesses fugitives

Si faim
Et si soif
La terre
Qu'elle a de sa gueule avide
Avalé fleurs et espoirs
Sucé sang et larmes

Prends ma main
La main de la fraternité
La main de l'amitié
La main de l'humanité

Saisis-la
Et fais-en une bouée
Pour atteindre l'autre rive
La rive de l'espérance
Là où même la mort
Baisse pavillon

Prends ma main
Pour toi mon calame
Pour toi ma paume
Qu'elle recueille tes pleurs
Qu'elle essuie tes peines
Qu'elle gomme ton chagrin

Au milieu du feu
Au fonds de l'abîme
À la lisière du néant
Je resterai avec toi
Pour t'apporter
De ma main fraternelle
De ma main rebelle
De ma main truelle
Le mot qui console
La strophe qui réveille
Le poème qui restaure

Gouache
Tu ne succomberas pas
La mort cédera à la vie
Et les larmes aux rires

Bafoussam
Tu ne t'éteindras pas
Tu es de ces étoiles
Qui jamais ne ferment l'œil

Tu es de ces lucioles
Qui jamais ne se couchent

Prends ma main
Frère
Prends ma main
Sœur
Nous sommes forts
Cœur à cœur
Sueur mêlée
Sourires entremêlés

Macaire ETTY
*Est originaire de la Côte d'Ivoire. Romancier et poète, il est
Grand Prix des Associations Littéraires 2017, catégorie belles
lettres. Il est depuis 2016, le Président de l'Association des Écri-
vains de Côte d'Ivoire.*

Nuit du Vingt-neuf

Sur le dos de la troisième rondeur
S'élève une fumée sinistre...
C'est Gouache, orpheline de cœur,
Pleurant devant Octobre tout ivre!

Comme les dernières pluies de l'an,
Averses violentes et torrentielles,
Octobre sur Gouache s'en allant
Les emporta sans rendez-vous: O Ciel!

Octobre, furieux en ses derniers jours,
S'en allait-il pour d'éternels séjours?
Protocole de Noël, nativité céleste,
Vît-il vraiment cette fille toute frêle?

En ses derniers jours de l'année
Grégorienne, vers la nuit sombre,
Octobre vint, brisa et vomit l'épée
De feu sur des âmes en songe!

Quelle cruauté!

Messager de l'hiver, de Versailles
Tu ramenas Louis XVI et sa famille!
Complice de Morphée, entre ses bras
Sanguinaires tu remis toute une famille!

Quelle injustice!

J'ai vu des ombres plaintives,
Les yeux au ciel réclamant un procès.
Mais Sylvain, gisant dans sa haie triste,
Ne pût témoigner cette malice austère!

Tentsing K. Serge F.
Etudiant en Droit à l'Université de Dschang.

Rétroviseur

Je voulais naître
Nature barbare
Je voulais être
Terrain glissant

Je n'ai rien choisi
Ni mon père
Ni ma mère
Toi seul ma choisi
Gouache ma terre

Si seulement je pouvais choisir où naître
Si je pouvais choisir où être
Je choisirais terre non glissante
Nature non barbare
Montagne de vie
Non pas sommet de la mort

Montagne meurtrière
Personne ne t'aurait choisi

J'étais le rêve de maman
L'espoir de papa
Le fer de lance de mon pays
Personne n'a pu entendre mon cri
Avant le pic de la barbarie
Mon père n'a pas pu me toucher, me sentir
Avant le désarroi naturelle
Ma nation n'a pas eu l'ambition qu'elle me savait fa-

çonneur
Avant que tu ne m'ensevelisses
Gouache ma terre

Sans naitre
Ni être
Ni même paraitre
Je ne suis pas
Ta barbarie m'a imposé le chemin retour
Et j'ai cédé comme on cède à la mort
Cette histoire est meurtrière

Qu'un homme de pouvoir m'entende
Et qu'elle meure à jamais
Qu'un homme de cœur m'écoute
Et que la montagne de la mort soit déserte
Que le pouvoir me comprenne
Et que notre terre soit transformée

Ceux qui y sont restés
Ceux qui y restent
Ceux qui y vivent
Vont-ils aussi
Passé de vie à trépas
À cause de leur cœur meurtri
De leur histoire achevée
Ou de la même tragédie

J'étais à l'intérieur de ma mère
Ma mère sur la terre meurtrière
Le meurtre dans la nuit
Et la nuit au deuil
Voilà comment nous sommes partis

Mes chers
Soit cette hécatombe se morfonde
Soit une nouvelle idéologie l'étrangle
Voilà mon angle

Foguieng Talélé Erick(Fotale)
Artiste plasticien et poète

Le ciel de Bafoussam

Le ciel des vivants
Comme une pierre tombale
Sombre et caverneux en son néant
Est déchu en ce jour tropical

Du haut des talus grêles
Macérant ses marmottes
D'un temps des âmes sur de triasiques notes

Les sommeils des pauvres ahuris
La terre s'empressa de glisser
En son gisement meurtris
Engloutissant à satiété

Les seuls humains qui eurent foi
Comme le dernier de l'orphelin
En la providence des belles lois
A Bafoussam au Cameroun vitrifié

La terre cette éternelle tombe
Perdit la rustique patience
De sa lumière et ses ombres
Laissa loin des enfants son espérance !

Synzi DADIE
Ecrivain poète Ivoirien

Le cri de malheur

D'un individu entendu
Au milieu de la nuit
Me place au centre de sa douleur
Il y avait des femmes enceintes
Il y avait des hommes
Il y avait des vieux
Des frères et sœurs
Des enfants et amis
Des animaux ,des brebis
Très tous surpris par la lâcheté des ténèbres
Par les nuages de terre
Par la pluie dévastatrice
Par l'agressivité du de la nature
Surpris dans un sommeil paisible devenu horrible
Mon peuple a péri
Ma nation pleure
Ma famille désespéré
Les blessures d'Eseka
Les souvenir du lac Nyos
Les atrocités du noso
Les horreurs de bokoharam
Peinent à cicatriser
Mais gouache les étouffe
Le fait est fait
Courage et paix dans nos cœurs
Je donne par les puissance des mes mots
Un peu de mon sang
Pour vous réanimer
Un peu de ma chaire
Pour vous greffer
Un peu de mes larmes

Pour vous consoler
Un peu de mon silence
Pour vous honorer
Je suis gouache
Je suis Bafoussam
Je suis camerounais

Tapche wabo calvidos
Artiste plasticien, slamer poète

A mon élève, Ngoumtsa Lionel

Cette terre qui t'a enfanté
Et qui t'a si bercé.
Cette terre qui t'a si allaité
Et qui t'a éduqué.
Cette terre qui t'a conseillé
Et qui t'a si guidé.
Cette terre qui t'a si inspiré
Et t'a fait respirer.

Cette terre-là s'est fâchée
Et t'a étouffé ici à Gouache.

Elle t'a dans ce lit surpris
Aux heures endormies.
Elle a déjoué tous les paris
Au clair de la pluie.
Elle a poussé des hauts cris
Au prix de ta vie.
Elle m'a privé de tes bruits
Et t'a vite englouti.

Cette terre-là s'est fâchée
Et t'a étouffé ici à Gouache.

Oh terre mortifère et austère
Qui m'enlève un frère.
Oh terre aux parures funéraires
Qui s'avère insécuritaire.

Oh très chère Patrie Triangulaire
Qui vécut en paix naguère.
Thingsfallapart près du marché B
Qui l'aurait cru, cher Chinua Achebe?

TSAMO DONGMO Franck Rostov
email: ftsamodongmo@yahoo.fr

Réveil matinal

Réveil matinal
Eveil continental
Point de chant du Rossignol
Point de bruit de casseroles
Le temps s'écoule
La montagne s'écroule
Ô terre mère, avec fracas
Tu as ensevelis mes frères
Tu as ôté la vie à mes sœurs
Je ne peux me taire face à tant de douleur
Je ne peux me plaire devant cette scène d'horreur
Ô mort la mystérieuse
Tu fais peur à tant d'âmes
Tu fais trembler tant de jambes
Invisible et imprévisible
Tu es muette mais tu fais crier la foule
Tu es venue te greffer à ce tableau couleur de sang
Tu y a déposé ton épouvante empreinte
En nous rappelant
Que ce chemin chacun de nous l'emprunte…
Au crépuscule tu nous a brisé le cœur
Sans scrupule tu nous remplis de rancœur
Ô Bafoussam, ô ma sœur
Ce jour tu verses des larmes
Ce jour ton cri est ta seule arme
Moi avec toi je languis de peine !
 Et je me rends compte combien la vie est vaine !
Courage à toi Bafoussam,
L'orage est passé

Et même si les évènements sont ressassés,
N'oublie pas que tu dois dépasser ton passé !
Et au-delà de tes émotions,
Souviens-toi qu'il y'a un Dieu de consolation
Courage à toi Bafoussam
Je suis Flam…
Je suis Bafoussam

Marie Florence Fla
Ecrivaine Camerounaise

Je pleure pour toi Bafoussam !

Je pleure les miens
Ensevelis brutalement

Par ce môle en colère, à
L'aube de ce jour dorénavant triste
Et inoubliable pour le Cameroun
Ubuesque cauchemar
Réveil douloureux
Eveil impossible

Pauvre plèbe
Ostracée
Usée par la misère
Révoltée par la douleur

Terre de mes ancêtres
O toi Bafoussam !
Indigné je le suis

Bonjour ensanglanté
Apres temps douloureux
Foudroyant et
Obscurcissant.
Un jour nouveau s'est levé
Sans éclat, ni saveur
Sous des cris et des pleures
Ames éprouvées
Meurtries

Thierry MBEPGUE TAFAM
*Promoteur culturel et artistique, éditeur, écrivain essayiste,
poète, dramaturge et autobiographe*

Requiem sur Gouache

Oh ciel !
Qu'as-tu fait

Voici
Ngouache
En larme
En peine
Sous ce ciel abscons
Devant
Ce relief
Génocidaire

Voici
Ngouache
Phagocyté
Meurtri
Ecoeuré
Par
Une nuit barbare
Et une aurore funèbre

Oh Dieu !
Ouvre les yeux
Et épie
Ecoute
Les cris
Les hurlements
Les larmoiements
De ce peuple
De ces familles

Devant
Ces corps inertes
Sans vie
Sans âme

Dieu
Toi qui vois tout
Recueille
Et console
Ces âmes errantes
Tout triste
Sous cette terre fragile
Allées trop tôt
Sans adieux

MOIFO Tamkou
Le Sapiens de l'Escribieron

Lamentations

Le pire pour l'homme, ce n'est pas de mourir,
En fait c'est la façon dont il mourra.
Comment peut-on supporter ce désarroi ?
Devant ses peines, de voir la mort sourire.

Je regarde toutes ces âmes s'engloutir
Toutes ces vies mon Dieu !!! Se perdre devant moi,
Dans cette terre de Ngouatchie. Pour ma première fois,
Les cris de ces âmes m'empêchèrent de dormir

Pour la première fois je me voyais impuissant
Je voyais la vulnérabilité de l'homme
Est-ce un accident ? Est-ce un châtiment ?

Je le sais, plus rien ne sera comme avant
La vie ne sera plus pareille. Mais pour ces âmes
Nous devons nous relever, et aller de l'avant

Wilfried Omael TAMDJO

Je ne questionne pas ton choix

Je ne questionne pas ton choix
De t'être installé là-bas
Désormais tu es dans l'au-delà
Et tu me laisses sans voix

Tu n'as été en réalité qu'une proie
D'un système qui en douce broie
Jamais ou rarement trace la voie
Et régulièrement déçoit

Je sais que parfois dans le désarroi
On est emmené à mettre au défi la nature
Jusqu'à ce qu'elle nous jette en pâture
Et nous plonge totalement dans l'émoi

Cet intrépide glissement de terrain
Vous a englouti dans la terre
Et la population main dans la main
A coup de pelles a enduré misères

Pour trouver vos corps sans vies
Hommes, femmes et enfants ont péris
Surpris par le violent mouvement
De la nature sans ménagement

Des familles entières décimées
Une note très salée
Une pilule difficile à avaler
Des larmes qui n'arrêtent pas de couler

Je cherche comment calmer ma douleur
Le moyen idoine pour apaiser mon cœur
Qui est aujourd'hui en lambeaux
Décapité en mille morceaux

J'aimerai tellement être ailleurs
Dans un monde bien meilleur
Où la vie a plus de valeur
Pour ne pas vivre cette douleur

Oui à bien analyser le comportement
De tous nos dirigeants
Ils accordent peu d'importance
Aux populations et leurs souffrances

Maintenant que le drame est là
Nous devons nous serrer les coudes
Faire parler la solidarité à grand pas
Atténuer la fougue de la foudre

Que chacun y aille à sa manière
Apporte le nécessaire
Pour ces familles meurtries
Leur redonner goût à la vie

Elles ont besoin de sentir notre chaleur
D'écouter parler nos cœurs
De voir agir notre sensibilité
Face à cette triste et cruelle réalité

Les rescapés comptent sur nous
Pour combler un peu le trou
Dans lequel ils se trouvent
Les accompagner dans cette épreuve

Oublions un peu les autorités
Et mettons en œuvre la solidarité
Freinons l'avancé de la promiscuité
Redonnons-leur un peu de dignité

N'attendons pas le gouvernement
Qui est toujours en retard
A défaut d'être absent

Faisons simplement notre part
Pour tous ceux qui nous ont quittés
Que la terre de nos ancêtres leur soit légère
Qu'ils accèdent tous à la lumière
Qu'ils reposent en paix dans la félicité

Ils resteront à jamais dans nos esprits
Nous nous souviendrons toujours de cette nuit
Du 28 octobre deux mille dix neuf
Où Gouache s'est cassée comme un œuf

La mort dans l'âme et à nos dépends
Ils ont pris la clé des champs
Le regard rivé vers les cieux
Dans la peine, nous leur disons adieu

TAGNE WAFO Cyrille

Mon Cameroun

Mon Cameroun
La terre de mes ancêtres
Nombril de ma patrie

Pays très riche et généreux
Rempli de diversités
Et admiré dans le monde

Nous pleurons nos frères
Enfants, papas et mamans

Victimes des lois de la nature
Meurtris dans nos chaires et âmes
Nous partageons la tristesse des familles
Victimes de cette tragédie

Nous sommes tous Camerounais
Peu importe nos origines
Que la paix, la justice et l'amour
Donne à ce pays beau un air nouveau

Je suis Bafoussam
Et fière d'être Camerounaise

Stéphanie LEUWAT

Una noche en Gouache

Como Santander,
Te queríamosbonita...
Por no quererlo ver,
Octubreensució tu cara.

Como los rayosdel sol,
Te queríamosvuiguera, viva...
Ya temiendo tu resplandor,
El décimo ladrónrobó tu alma.

Más que las estrellas,
Te queríamoslinda...
Celosopor tus huertas,
Decidiórobarte la risa.

A vecescomo el Edén,
Te queríamosverde...
Mas aniquiladopor tu Belén,
Esetíorompió tu silvestre.

Aunquepequeñísima,
Soñamos con verte como China...
Pero en sus cruelesdesvaríos,
Despoblóhastainocentescerdos.
Igual que unaislatranquila,
Pensamos en prestar tu refugio...
¿Adónde nos iremosahora
Que estástartamuda a cal y canto?

Todas las lenguas te lloran
Y están rotas nuestrasvoces...

Del Bikutsi a los demás de afuera,
Esa lástimarompiócorazones.

Octubrevinotodosilencioso
Y se fueechándonos a perder...

Tentsing K. Serge. F,
estudiante de Derecho en la Universidad de Dschang.

Bafoussam

Blessé par une triste nouvelle qui taraude encore mon esprit [c'est avec
Amertume que j'apprends que mes frères camerounais porte un
Fardeau lourd à porter... la perte d'être chers est une triste réalité.
Oublier de prier pour le repos de ces personnes est un crime car le Cameroun perd ses enfants une fois de plus.
Unissons-nous pour aider les familles à faire leurs deuils
Solidarité est le mot d'ordre pour
Soutenir nos frères dans leurs épreuves [que l'
Amour prône sur notre patrie afin de promouvoir les valeurs de notre pays [et non la
Mésentente
Que les âmes de mes frères reposent en paix.

NDOUMBE LOBE Jefferson Frantz

Lendemains obstrués

Triste et macabre est le bilan
De cet imprévu désastre ambulant.
Dame nature, à Bafoussam, s'est acharnée
Sur de nombreuses âmes ensommeillées,
Causant douleurs et désolations
Dans le pauvre cœur des populations.

Oh mon Seigneur Dieu !
Daigne recevoir toutes ces âmes
Embarqués pour les cieux,
Après une brève vie à Bafoussam.

Moi qui rêve de joie de vivre,
Me voilà, de grande amertume, ivre,
Devant le constat du malheur
Qui consterne frères et sœurs,
Affligés par cette catastrophe qui survint
en obstruant, hélas, bien des lendemains.

Hervé AYEMENE,
Informaticien et écrivain ivoirien,
4ᵉ Vice-Président de l'Association des Ecrivains de Côte d'Ivoire

Tout peut basculer

Bafoussam (Ngouache), terre natale. Je suis loin de toi mais j'entends comme un écho venant de très loin, mais le son est sourd, étouffé. D'où vient-il ? A qui est-il destiné ? Pourquoi ces cris, ces pleurs. Qui m'appelle au beau milieu de la nuit pendant cette pluie diluvienne ? La voix m'est familière mais qui est-ce ?

Je ne sais pas qui pleure mais je pleure les larmes de mon corps avec lui, celui qui crie, je crie avec lui et même un peu plus fort afin d'identifier d'où part son cri. Gouache, tu as englouti les miens. Comment puis-je célébrer la vie quand ce n'est que la mort autour de moi ? Je fais procès à cette mort car elle est cruelle. Le petit enfant de la maternelle, de l'école primaire t'a fait quoi pour que tu l'appelles maintenant ? Ces adultes ont-ils accompli leur mission sur terre ? Cette terre de Gouache crie, elle se lamente et moi avec, mon cœur saigne et je n'ai plus de famille ni de voisins. Terre de Gouache donne-moi les corps des miens, laisse-moi les enterrer moi-même. Ne me prive pas le droit de les rendre un dernier hommage.

Je lève les yeux vers les cieux de Bafoussam et j'implore ma terre d'être clémente et de ne plus me faire vivre cela, ni à moi ni à personne d'autre. J'implore les nuages et se dégager et de laisser la lumière me faire voir les miens. J'implore le ciel d'avoir pitié des âmes qui se bouscule à son entrée.

J'ai beau aiguiser tous mes sens auditifs pour entendre les cris des enfants ensevelis mais je n'entends rien. Si toi tu les entends dis le moi à haute voix afin que nous retroussions les manches ensemble pour retrouver cet être cher qui ne demande qu'une bouffée d'air car tout peut basculer. Gouache tu m'as mis K.O.

Zangue Aline Carelle
Ecrivaine Camerounaise

Mardi noir

Bilan amer

Bilan amer... Quarante et un trio d'âmes,
Surprises en leurs demeures par la solifluxion
D'une terre qui, dévalant la pente, s'intime
L'ordre de semer, sur des êtres, désolation.

Sinistre géologique de ce mardi vingt-neuf,
Ensevelis sous une mer boueuse, pâteuse,
Nos pairs ont péri de la nature calamiteuse
Et, notre cœur impuissant à la catastrophe,

Chante pour eux un émoi social en strophe
Dans un monde où les terrains se meuvent
Et tous leurs frères consternés s'émeuvent.

Cœur endolori

Mon cœur est si peiné du macabre constat
Que Dame Nature, à mes frères, a imposé.
Décrépitude du bien-être face au postulat
Et la crainte du bilan s'alourdissant et osé.

Gouache, sèche tes larmes et leur coulée
Transperçant leurs entrailles se feront voir.
Bafoussam, la belle cité ne sera plus vidée
De ses fils en chœur pleurant ce mardi noir.

Un tuteur social pour la sécurité populaire,
Tel un ponton lumineux devra vite s'ériger
En garant de l'aisance de couches lésées.

Voyant Ciel et larme, il prendra sécuritaire
Garde-fous, parapets ou même, oui, reloger
Ces familles rêvant du bonheur et avisées !

Enemeya Queen,
Ecrivaine et éditrice ivoirienne

Hommage

Femme
Je reprends ton nom
Mère de l'humain
Pour te pleurer
Pleurer tes fils et filles
Partis emportés par la cruauté de la nature

Femme
J'escorte ton doux nom
Ma source
Toi-même qui portais mon frère
Toi qui portais mon fils
Toi qui portais mon cousin
Toi qui portais mon camarade
Toi qui portais mon petit-fils
Toi mère qui portais mon copain
Toi qui portais mon futur époux
Toi qui portais le cœur de ma fille

Femme
Je reprends ton nom
Toi-même qui portais ma sœur
Ma camarade
Toi qui portais ma copine
Toi qui portais ma future épouse
Toi qui portais l'épouse de mon fils
Je reprends ton nom
Pour dire non
Aux fosses qui chaque jour
Se creusent
Tombes pour l'humain
Dont tu es mère

Femme digne
Maman
Je reprends ton nom
Pour dire non à l'inertie
Qui comme cette nature barbare
Dit-on cause tant de dégâts
Non et non aux vies
Qui sous l'embuscade se pétrissent

Femme ma très cher mère
Femme ma chair
Toi aussi tu es partie
Toi qui nous es si cher
Toi-aussi tu es partie
Avec plus de vie
En toi et autour de toi

Gouaché c'est toi
C'est moi
Gouache c'est nous
C'est Bafoussam
Gouache c'est le Cameroun
De toutes les mélodies disant non
En ton nom femme
Tous disent non
Au nom de la femme enceinte
Non et non aux constructions sur l'embuscade

Tous non
Disons non
Au nom de la mère de l'humain
Aux fosses qui sous les yeux d'anti-fosse
Se creusent sans faute

Non au nom de la femme
Aux noms de nos mamans

À l'inertie galopante
Qui ordonne que sur l'embuscade
Se façonne les lits de nos frères et sœurs

Gouache d'hier, temple de vie
Gouache d'aujourd'hui, cimetière

Femme qu'avec ta progéniture
Celle en toi
Et même celle hors de toi
Et toujours avec toi
Reposez en paix

Foguieng Talélé Erick(Fotale)
Artiste plasticien et poète

A sad last night

You didn't need to slaughter,
For us to understand your lunacy!
Nor carry away a little daughter,
Sleeping safely near her family!

You didn't need, as in Sodom,
To waste for Him to see his sins!
Nor slay a child cuddling her doll
With tender hands full of dreams!

Your struggle, a perfect murder,
Expired all dreams of that City;
And reasonless, you fled cowardly...

You slew mother, child and picks!
Just only frail beings! Why October?
Gouache's now the orphan city ever.

Tentsing K. Serge F.
law student in the University of Dschang.

Gouache, mon amour

Alors que je n'étais qu'un gamin, tu m'as grandement ouvert tes bras. Tu m'as accueilli dans ta demeure et tu m'as épousé. C'était le début d'une grande amitié.

Je te suis resté fidèle et dans ma vie, au gré des épreuves, des peines et des joies, tu m'as apporté le succès.

Sept ans que je t'ai connu

Sept ans que tu m'as aimé

Sept ans que tu m'as chéri

Sept ans pendant lequel tu m'as appris à assumer mes choix

Sept ans où tu m'as appris à écrire, surtout à être meilleur et à écouter les autres.

Aujourd'hui, tout ému, lorsque je repense à toi, c'est la tristesse et la désolation qui m'accueille.

Aujourd'hui, je suis sans voix devant ces corps sans âmes ensevelis par la terre.

Gouache, que s'est-il passé ?

Je te savais fort. Combattant en silence tes vampires.

Je te savais aimable. Ouvrant ta main protectrice à tout être désireux d'être tien.

Je te savais constructif. Abritant en ton sein les génies du pays.

Gouache, dis-moi, que s'est-il réellement passé ?

Je te savais dériver de « Wa'a Che » ; ce qui veut dire en langue Gemba, parlée par le peuple Bamougoum « jeter l'eau ». Oui je m'en souviens, de ces enfants emportés par la fureur de tes eaux. C'était déplorable, mais on avait essayé de te comprendre ; l'eau était ton élément.

Gouache, aujourd'hui je te regarde, et je comprends que ta gourmandise n'a pas d'égal.

Pourquoi ne t'es-tu pas juste contenté de l'eau ?

Devrait-on désormais t'appeler « Gouatchicha » ?

Voilà, tu t'es étendu sur la terre, pour fragiliser tout un peuple et mettre en larme une nation.

Gouache, mon amour, tu m'as tout donné. Mais aujourd'hui, tu m'as plongé dans les ténèbres.

MOIFO Tamkou
Le Sapiens de l'Escribieron

Je suis Gouache

Cette nuit est une nuit comme les autres
Enfin je crois, je le croyais vraiment
Mais j'ai vécu le tourment
Ça n'arrive pas qu'aux autres

Je voulais être astronaute
Mais j'ai touché les étoiles beaucoup plus tôt
J'ai toujours aimé les voyages
Mais là c'est un départ sans retour

Papa, maman où êtes-vous ?
Mon frère, ma sœur, je vous prie d'être amour
Vous qui êtes encore là
Vous qui pouvez encore tout changer dès maintenant

Je suis Gouache !!!

Stéphanie Penda

Drame

Cette nuit, dans mon village, dans une violente pluie,
Hommes, femmes, enfants, bétails tous étaient à l'abri ;
Du moins dans leurs maisons, tous se croyaient à l'abri.
Personne ne prévoyait une tragédie, cette tragédie.

Tous s'endormirent, bercé par cette pluviale mélodie,
Demandant au ciel un grand lendemain béni.
Puis dans des décombres, dans des pleurs, des cris,
Se réveilla le village. Ce fut un jour maudit

Que s'est-il passé cette nuit ? Où sont nos frères ?
Où sont nos enfants ? Où sont nos pères, nos mères ?
Ils ont été engloutis cette nuit par la terre !!!

Toutes les familles, tous les habitants pleurèrent,
Nous pensions que cette douleur serait passagère,
Mais chaque jour, on s'en souvient comme si c'était hier

Wilfried Omael Tamdjo

Un golpecitomortal

A lasorillasdel Gouache,
En el ánguloagriodelfunesto,
Corre un tartamudo río errante;
Río rojizo, río disfrazado, río...

Su aire, sanguífero y vagante,
Rociapaisajes con lágrimas.
Todaunahiporexiareinante
Inunda el rodal y sus alturas.

En el fondodelsilvestresilba
Una vozjuvenil, senil y salvaje;
Habla de unanoche y Octubre.

Tremendanochetrepidante,
En un tris vimos la rencilla
De tu crudelísimarochela.

Tentsing K. Serge. F,
estudiante de Derecho en la Universidad de Dschang.

Ah Bafoussam!

Nous sommes également touchés.
Une fois de plus ma nation se meurt
Une fois de plus ma nation est en pleure
Une fois de plus ma nation est en deuil
Nul ne fera fi de cette nouvelle attristante
Nous sommes tous impliqués dans cette triste nouvelle
Oh! Le fameux quand je parle de moi, je parle également de
vous!
Jadis à Eseka nous fûmes,
Aujourd'hui à Bafoussam nous y sommes
La patrie pleure
La nation en deuil
Tant de victimes innocentes
Tant d'avenirs et de familles détruits
Oh! Bafoussam tu viens de porter le coup de grâce
Regarde tous ces cœurs que tu flétris,
Tous ces visages que tu laisses sans sourire.
Peuple de Gouache!
La nation compatie á votre douleur
Les obstacles ne sont point des fatalités
Mais des opportunités de pousser jusqu'a son comble nos
constructives valeurs
Gouache! Restons dans l'optimisme et ne sombrons point
dans le désespoir.
Nous sommes Bafoussam! Nous sommes Gouache!
La nation toute entière a le cœur qui saigne.

Octavo Blazquez

Table des matières

*« A cette terre qui nous a pourtant tout donné, nous n'avons plus que
nos larmes pour lui dire merci.
A Dieu aux âmes ensevelies
Dame nature a toujours raison
Acceptons son oraison ... »*   dixit Thierry MBEPGUE TAFAM